Ich wieder mal!

8 Alltagskatastrophen

Über den Autor

Jürgen Knischewski wurde 1963 im Schienengewirr eines Lausitzer Braunkohlenreviers geboren und ist seitdem von allem, was sich auf Eisensträngen bewegt, fasziniert.

Er erlernte einen Bauberuf, jobbte als Maurer, Industriereiniger, UPS-Preloader, Friedhofsarbeiter und Wachmann.
Seit über zwanzig Jahren arbeitet er in einer Holzspielzeugfirma als Grafik- und Produktdesigner.

Knischewski liebt die Bücher von Terry Pratchett, Douglas Adams, Flann OBrien und Roald Dahl.
Bisher erschienen skurrile Eisenbahn-Kurzgeschichten von ihm in zwei Anthologien, 2021 eine weitere Kurzgeschichte in einer Anthologie und 2022 das Büchlein „Der Hutmacher von Mumplix 3".

Er schreibt, malt und zeichnet viel, mag Menschen, Eisenbahnen, SciFi, Pilze, fast alle Sorten Bier und ultrasaure Gummibärchen.

Jürgen Knischewski

Ich wieder mal!

8 Alltagskatastrophen

Illustratoren vom Autor

Bibliografische Information der Deutschen
Nationalbibliothek:
Die Deutsche Nationalbibliothek verzeichnet diese
Publikation in der Deutschen Nationalbibliografie;
detaillierte bibliografische Daten sind im Internet
über dnb.dnb.de abrufbar.

Herstellung und Verlag:
BoD – Books on Demand, Norderstedt

ISBN: 9783759703255

Ich widme dieses Buch jenem eigentlich harmlos aussehenden Herrn mittleren Alters, dem ich im Frühstücksraum des Hotels »Lapershoek«, Hilversum begegnen durfte und der mich zur Kurzgeschichte »Englisches Frühstück« inspirierte.
Und nein, im Frühstücksraum hing kein Spiegel.

Dringende Warnung
(Beschwörend zu raunen!)

Wenn die Rotunden mal rotieren,
Koalabären koalieren,
wenn die Dekaden dekantieren
und Planetarien sich planieren,
bis Mokkatrinker sich mokieren,
Flanelldessous herumflanieren!

Wenn Transparenzen transpirieren
und Zieselmäuse ziselieren,
durch Monitore sich monieren!
Wenn Schnabeltassen schnabulieren
und Reziproken rezipieren,
um dieses auch mal zu probieren
...
Lauf weg -
du willst doch nichts riskieren!

INHALTSVERZEICHNIS

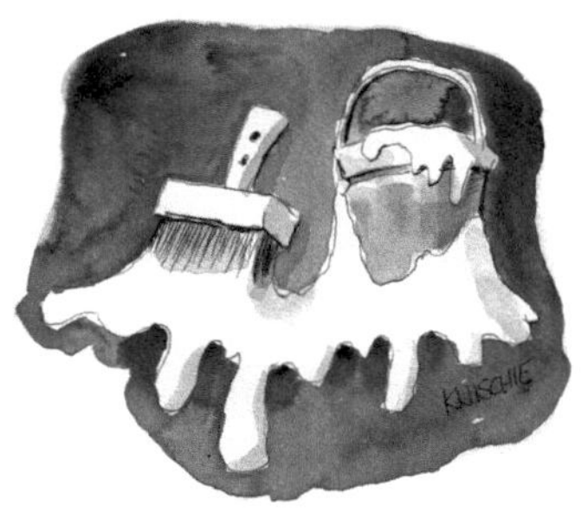

DECKE STREICHEN

»Die Mühen der Gebirge liegen hinter uns.
Vor uns liegen die Mühen der Ebenen.«
Berthold Brecht

Wenn ich etwas hasse, dann ist es tapezieren und streichen. Ich kann es nicht gut und will es eigentlich auch gar nicht können. Gebt mir ein Stück Holz, ich baue euch daraus einen Schrank. Du brauchst eine Gartenlaube oder eine Garage? Her mit den Ziegelsteinen, kein Problem!

Aber Deckestreichen? Die Königsklasse des Grauens!

Alles begann mit einer harmlosen Bergwanderung. Kurz vor dem höchsten Gipfel fragte mich meine Frau: »Sag mal, wann wolltest Du eigentlich das Wohnzimmer machen? Du weißt doch, Wände und Decke tapezieren und das Parkett muss auch mal abgeschliffen werden.«

Ich war milde gestimmt und versprach: »Wir haben doch noch eine Woche Urlaub, da fange ich gleich an. Sobald wir zu Hause sind und das Gröbste verstaut haben, räumen wir das Wohnzimmer aus. Übrigens, ich mag dieses Rauhfaserzeugs an den Wänden und der Decke nicht mehr, das sieht so nach Studentenbude aus, aber nicht nach einem Wohnambinente für zwei Mittfünfziger mit erwachsenen Kindern! Die Wände gestalte ich mit Rollputz und die Decke hänge ich mit Gipskartonplatten ab, dann haben wir eine saubere Grundlage für weitere Gestaltungen.«

Hatte ich tatsächlich Wohnambiente gesagt? Musste ich wohl. Höhenkoller bei knapp tausend Metern über dem Meer!

Beim Ausräumen konnte man nicht viel falsch machen, bis auf den Umstand, dass der ganze Kram in mein Arbeitszimmer kam. »Das muss dir doch ein Ansporn sein, so schnell wie möglich fertig zu werden!«, sagte meine Frau.

Oh nein, ich ließ mir beim Abhängen der Decke nicht helfen, im Netz gibt es tausende Tipps, wie man das allein schafft. Ich schaffte es schließlich auch allein und dachte die ganze Zeit an die Baumarkt-Heroen aus der Werbung, die mit Bohrhämmern posen wie Fremdenlegionäre mit Sturmgewehren.

Ich kriegte es auch halbwegs hin, es war ja nicht die erste Decke, die ich abhängte.

Dann kam Dreck machen dran. Dreck machen

kann ich prima, war schon als Kind immer schmuddelig und musste es ertragen, dass mich meine verzweifelte Mutter unterwegs mittels Spucke ein wenig vorzeigbarer gestaltete. Und hinter einer Parkettwalze hinterherzutrotten ist, wenn man den Bogen raus hat, simpel wie Rasenmähen, nur indoor. Auch das Versiegeln mit zwei Schichten Lack war ein Heimspiel.

Leider trocknete der Lack sehr schnell, sodass ich schon nach zwei Tagen keine Ausrede mehr hatte, das Deckestreichen vor mir herzuschieben. Ich fragte im Baumarkt die nette Kassiererin, ob sie schon mal eine Decke gestrichen hätte.
»Klar, das ist ganz einfach, immer in eine Richtung rollen, nicht absetzen!«

Ich rollte die Farbe in eine Richtung und setzte nicht ab, es sah nicht gut aus. Wahrscheinlich die falsche Richtung. Den nächsten Eimer strich ich in die andere Richtung, es wurde nicht besser. Ich guckte im Netz Malermeistern zu, die mit aufgeregter Stimme ihrer Fangemeinde erklärten, wie man Decken streicht. Ich probierte den Kreuzstrich, den Diagonalschwung und die Zickzackvariante. Vielleicht lag es auch an der Rolle, ich benötigte einfach eine Profirolle, besser zwei.
Meine Frau fragte mich, wann ich denn mal vorhätte, das Wohnzimmer seiner ursprünglichen Nutzung zurückzugeben, es liefen ja immer so interessante Filme im Fernsehen, die man zwischen den Möbelstapeln im Arbeitszimmer nicht so richtig genießen könne. Auch was die vielen Baumarktabbuchungen vom Konto zu bedeuten hätten, ob ich nebenher noch ein zweites Haus bauen würde.
Die Decke sah inzwischen schrundig aus wie die Felsen, über die wir vor wenigen Wochen gewandert waren, nur hing das Gebilde diesmal über unseren Köpfen. Bald würden wohl die ers-

ten Tropfsteinhöhlengewächse hinunterzeigen. Irgendwelche Stalagtiten oder -miten. Mir fiel der doofe Höhlenwärterspruch ein:»Was steigt? Die Mieten! Und was hängt? Bruahhhaaa.« »Warum lachst du so komisch? Freust du dich, dass die Decke bald mal fertig ist?«

Ich träumte davon, dass ich eine Farbfabrik überfallen hätte, um genügend Deckenfarbe verstreichen zu können. Die Decke wurde immer niedriger, ich konnte sie nur noch auf Knien streichen. Wie lange würden die Gipsplatten die Tonnenlast der Farbe tragen? Die Schränke passten bestimmt nicht mehr rein, waren inzwischen viel zu hoch, vieleicht könnte man sie auf die Seite drehen und die Türen nach oben öffnen. Ich sollte solange es noch möglich war, das Wohnzimmer untervermieten.
An eine Pygmäenfamilie.

MEIN KAMPF
MIT DEN GASTROPODEN

Die Schnecke ist ein Haus-Tier, aber kein Haustier.
Werner Mitsch

Niemand hat die Absicht eine Mauer zu errichten?
O doch, ich habe sie. Sofort! Und wenn schon keine Mauer, so eine Grenzsicherungsanlage vom Feinsten, mit chemischen Kampfstoffen und Metallzäunen. Es reicht jetzt! Schluss mit unbefugtem Wegraspeln von Salatstrünken, mit unangemeldetem Vertilgen von zartestem Rittersporn!
Grimmig spanne ich den niedrigen kupferroten Zaun, streue davor blaue Kügelchen aus.
Ich weiß, dass ich beobachtet werde, Blicke bohren sich in meinen Rücken.
Was hat der Kerl da nur vor, will er uns von den dringend benötigten Vitaminen abschneiden? Möchte er, dass wir diese blauen Dinger da es-

sen? Für wie dumm hält er uns eigentlich?

Und tatsächlich, am nächsten Tag war wieder jemand am Salat, der, frisch gepflanzt, an der empfindlichsten Stelle zerraspelt wurde. Genau dort, wo die Blätter in den Wurzelstrang übergehen! Ein paar welke grüne Fetzen liegen noch herum, die von den Unholden verschmäht wurden. Ansonsten Totalschaden! Während ich im Gartenmarkt die letzten Kupferzäunchen aufkaufe, chillen die Schnecklinge bräsig in ihren Häusern, lassen ein paar Verdauungswinde fahren oder sprinten auf die nächste Anpflanzung zu.

Es gibt sicherlich hunderte Arten von Schnecken in unserem naturnahen Garten, die wichtigsten Exemplare lassen sich allerdings in drei Kategorien einteilen.

Nacktschnecken, sofern sie nicht versehentlich zertreten und ihre Reste von den Artgenossen vertilgt werden, verziehen sich mit Vorliebe in die Unterwelten unserer Kompostgrube. Jedes Jahr versuche ich den schwarzen und braunen Schleimern einen Deal anzubieten: Sie dürfen gern in der Katakombe bleiben, sich vermehren und all die leckeren Dinge aus der Küche probieren. Gern schäle ich auch die Kartoffeln ein wenig dicker oder mogle ein paar Gurkenstücke extra unter den Bio-Abfall, Hauptsache, sie bleiben in ihrem Areal.

Aber es nutzt nichts, sobald ein Duft von frischem Salat oder sprießendem Rittersporn durch den Garten wabert, vergessen meine treulosen Untermieter jede Vorsicht und stürzen sich als schleimige Phalanx auf den Nutzgarten.

Die kleinen, gelbbehausten Schnecken mit dem schwarzen Körper verstecken sich am liebsten in undurchdringlichem Cotoneaster oder Kirschlorbeer. Sie sind dort unsichtbar, aber wenn man genau hinhört, vernimmt man in der Nähe des Vorgarten-Dschungels Schnarchen.
Die gelbhäusigen Gastropoden hocken dort nämlich tagüber hausunter an der Rückseite der Blätter. Sie träumen vom nächsten Regen, der ihren schleimigen Aktionsradius vervielfacht und sie endlich wieder in die Nähe der Gemüsebeete bringt.

Am ignorantesten finde ich die Weinbergschnecken. Sie sind eine geschützte Spezies und wissen das auch. Bei Trockenheit oder Bewegungsunlust bleiben sie einfach an der nächstbesten Stelle liegen. Warum nur erinnern sie mich an Wohnmobil-Besitzer, die bei Müdigkeit oder Bierdurst ihr sperriges Gefährt kurzerhand auf Wanderparkplätzen oder in hart umkämpften City-Parkzonen austrudeln lassen, am liebsten quer über drei Parkplätze?
Gut, letzteres tun Weinbergschnecken nicht, zumindest habe ich noch keine dabei erwischt. Es würde ihnen wohl auch nicht gut bekommen. Aber wie werde ich diese Weichtiere nun los? Es

widerstrebt mir, sie, wie mitunter geraten, mechanisch zu zerteilen. Ich schrecke davor zurück, mittels Spaten oder Profilsohle ein Schneckenleben zu beenden.

Auch bin ich ein strikter Bierfallengegner. So schlechtes Bier gibt es doch gar nicht, dass man damit Schnecken ertränken möchte, nicht mal Penny-Bier oder Paderborner.

Und überhaupt, soweit kommt es noch, soll ich

etwa die Schleimlinge zu einem Umtrunk einladen? Wenn möglich mit lüttje Lage und Kartoffelchips? Niemals!

Eine Zeitlang sammelte ich die Schnecken in einem Joghurtbecher ein und trug sie in den Wald. Eine unappetitliche Geschichte, für die Schnecken ebenso wie für mich, denn die Kleblinge begannen sich im Gefäß gegenseitig aufzufressen und die Sieger hinterließen auch noch nach der Auswilderung eine solide Menge Schleim im Becher. Einmal vergaß ich morgens die frisch abgesammelten Schnecken im verschlossenen Becher und die Sonne brachte sie um jeden Verstand. Zwar überlebten die meisten den Sommertag, aber nachdem der Deckel irgendwie aufging, begannen sie, senkrecht die Hauswand hochzukriechen. Wahrscheinlich hatte ihnen die Sommersonne irgendwie die Festplatte neu formatiert, so dass sie glaubten, Marienkäfer zu sein und bis an die höchste Stelle klettern zu müssen, um dann loszufliegen.

Sollte ich die Anschaffung von Schnecken-Pfännchen erwägen und ständig Kräuterbutter im Hause haben, um die Pflanzenmeuchler sofort standrechtlich zu vertilgen? So richtig kann ich mich nicht dazu durchringen, betrachte ja schon im Restaurant Gerichte mit Garnelen oder Muscheln mit Skepsis.
Ach nein, ich schütze die Pflanzen, die mir

wert und teuer sind, Salat und Rittersporn, mit Kupferzäunchen und Schneckenkorn. Es wirkt tatsächlich, leere Gehäuse liegen vor dem Kupferdraht herum wie Autowracks auf einem Schrottplatz. Und den woanders aufgegriffenen Gastropoden verleihe ich Flügel, lasse sie im Gesträuch des Nachbargartens niederregnen. Trotzdem werden es nicht weniger. Bei einigen bin ich mir auch ziemlich sicher, sie schon einmal gesehen zu haben.

Ich glaube, mein Nachbar mag die anderen Vertilgungsarten auch nicht.

ICH FAHRE HINTER
EINEM WOMO HER

Zuhause ist, wo mein Wohnmobil steht.

Unbekannter Verfasser

O nein, jetzt eiere ich schon eine geschlagene Viertelstunde hinter dieser Kiste her.
Aufreizende 95 km/h fährt der Typ. Überholen zwecklos, ich sehe ja nichts als fünf Quadratmeter Heckfläche.
Vor mir fährt - ein Wohnmobil!
Die Dinger sind groß und sie sind nervig! Sie fahren immer dann vor mir auf der Straße herum und versperren die Sicht, wenn ich am wenigsten Lust auf sie habe, also eigentlich immer. Obendrein sehen sie bescheuert aus. Am schlimmsten die aus den 70ern und 80ern - stockhässliche Gefährte, die sich mit defensiv-dümmlichem Küh-

lergrinsen für ihr bloßes Dasein entschuldigen wollen. Schrankwände auf vier Rädern, mit tief runtergezogener Frontscheibe, hinter der ein mit fusseliger Auslegware bezogenes Armaturenbrett neckisch hervorblitzt wie ein Schiesser-Feinripp-Schlüpfer aus einem offenen Hosenstall.

Gut, in den letzten Jahren gab es eine leichte Besserung, nun gleichen die Mobilheime eher den Transportern, mit denen biedere Handwerker ihr Gerödel zur Baustelle fahren, aber eine Augenweide sind sie immer noch nicht. Unmotiviert verteilte Fensterchen und Luken lassen jeden Sinn für Proportion vermissen. Um das Ganze gestaltungsmäßig nicht völlig ins Abseits zu katapultieren, haben die Wohnschlachtschiffe Aufkleberparabeln und -hyperbeln an ihren Flanken, die vermutlich einer Clipart-Galery der Achtziger entliehen wurden.

Eine monströse Schlafbeule lastet schwer über der Front des Womos. Wahrscheinlich werden die Dinger von unbegabten Schüler-Praktikanten designed, die später mal irgendwas mit Autos machen wollen.

»Richie und Babsy on tour« verrät ein Aufkleber neben den hinten angestrapsten E-Bikes. Als ob das irgend jemanden interessieren würde, abgesehen von den Herrschaften hinterm Armaturenbrett, die es hoffentlich noch selbst wissen.

Einem LKW verzeihe ich durchaus seine Sperrigkeit. Immerhin transportiert er Nützliches, sorgt für Brot, Rispentomaten und Klopapier, Fast ebenso große Womos transportieren in der Regel ein Frührentner-Ehepaar plus Wohnungseinrichtung plus fünf Paletten Dosenmampf plus eine Monatsration Discounter-Bier plus zwei hinten draufgespaxte E-Bikes. Gern zeigt man auch einem Motorroller oder einem auf Lafette hinterhergezogenen Smart die große weite Welt. Worin bitte sehr besteht der gesellschaftliche Nutzen eines solchen Gefährts? Warum stellen sich unsere hippen Neuzeit-Philosophen nicht mal diese simple Frage?

Die Einheimischen in den von Womos bereisten Ländern können mit den Insassen der Knuddelkisten nicht viel anfangen. Man kann ihnen kein Zimmer vermieten, denn die mobilen Frührentner bringen sich ihre Matratze nebst Klo mit. Das hat für die Reisenden nur Vorteile, die Matratzen sind gut eingelegen. Und man muss sich auch nicht mit irgendwelchen Vermietern in deren merkwürdigen Sprachen absabbeln.

Auch Gaststätten haben selten Glück mit den Fremdlingen, denn bevor die beiden privaten Fernfahrer mal was Landestypisches probieren, müssen erst mal die Pottkieker-Ravioli aus den Tiefbunkern des Womos aufgefuttert werden. Bei denen weiß man, was man hat, urdeutsche Konservendosen-Hochkultur nämlich! Es ist sinnvoll, erst mal den Ballast zu reduzieren, die stramme Beladung bis zum oberen Ende des gesetzlich Zulässigen kostet ja auch Sprit.

Die schönsten Länder aus Sicht eines Womobilisten sind natürlich die, in denen man überall und gratis rumstehen kann, egal wo.
»Guck mal Hermann, dieser bezaubernde Sonnenuntergang über dem Meer, lass uns anhalten und ihn genießen!«
Zack - ne Vollbremsung am Aussichtspunkt, die WoMo-Besatzung öffnet die Tür, ein Paar Aldi-Campingstühle, gern mit integriertem Dosenhalter, purzeln heraus, dazu ein praktisches Klapptischchen, Kaltgetränke und Knabberkram.

Die ausbootende Besatzung fläzt sich breitbeinig vor ihrem Mobilheim in die erste Reihe. Egal, ob vielleicht andere Romantiker gern das Ins-Meer-Einditschen des Fixsterns ohne Familie Schneider aus Gütersloh im Vordergrund erleben wollen. Sollen die doch eher kommen, wer zuerst parkt, guckt zuerst!

Gern trifft sich der gemeine WoMo-Jünger mit seinesgleichen auf Campingplätzen. Dort stehen dann die Freizeit-Schlachtschiffe im Pulk, gleich nach dem Eintreffen wird flugs mit Gestühl, Sonnensegeln, Kugelgrill und Bierkästen der Claim abgesteckt und eine Art Outdoor-Wohnambiente geschaffen. Alsdann nimmt man Tuchfühlung mit der Besatzung der Nachbar-Mobilzelle auf. Womo-Driver verstehen sich blind, nach kurzer Zeit ist das Eis gebrochen, man lädt sich gegenseitig auf eine Industrie-Frikadelle mit passendem Turmbräu-Pils (Penny) ein, leiht sich den Akku-Staubsauger oder leert zusammen die Bordtoiletten. Letzteres ist dann die Vorstufe zur Blutsbrüderschaft. Es hat einen schließlich gemeinsam in Feindesland verschlagen. Die Urlaubs-Gegend ist ja ganz nett, aber die vielen fremden Menschen hier stören. Leider. Wie gut, dass man jederzeit die Plastik-Tür des Womos hinter sich zuziehen und alles Unbekannte draußen lassen kann.
Auch Mini-Urlaube macht man gern mit dem Womo. Einfach mal so zum Spaß am verlänger-

ten Wochenende durch die Gegend gegondelt,
Frührentnern schlägt ja bekanntlich keine Stunde. Am Abend werden waldnahe Wanderpark-
plätze oder hart umkämpfte kommunale Halte-
zonen besetzt, letztere gern über drei Parkplätze
hinweg.
Wieder Gestühl und Tisch raus, juppheidi, die
ganze Welt ist das verlängerte Wohnzimmer.
Wir machen ja hier nur kurz Pause, fahren bestimmt auch bei nächster Gelegenheit weiter, be-
weis uns mal das Gegenteil hö hö! Am nächsten
Tag drehen sie eine Alibi-Runde zum Brötchen
holen und fädeln sich zwei Buchten weiter auf
dem gleichen Parkplatz ein. Wenn es dann endlich dunkel wird, verklappen sie ihr Chemieklo
hinter der städtisch angepflanzten Hecke und
freuen sich wie Bolle, hier nun schon die dritte
Nacht für lau kampiert zu haben.

So, ich schalte jetzt in den Vierten und überho-
le dieses Freizeit-Ungetüm, das außerorts stabil
seine 95 km/h fährt. Dann setze ich mich genüß-
lich davor und fahre 85.
Stundenlang.

GLÜCKSKEKSE

Der Weise sieht die Blüte, der Tor aber nur die Dornen.
Glückskeksweisheit 736 oder 376

Ich mag chinesisches Essen, es ist meist leicht, gemüsehaltig und fleischarm. Mit der rotbraunen Einheitstunke, die der fernöstliche Koch für fast alle Gerichte zwischen Nr. 22 - Gemüse mit Sauerscharf-Soße und Nr. 156 - Familienglück* benutzt, geht man, von eventuellen Hitzeaufwallungen wegen glutamathaltiger Sojasoße abgesehen, kein Risiko ein..
Das Tsing Tao-Bier ist auch nicht schlechter als ein deutsches Pils, nur ohne Reinheitsgebot. Und das ist ohnehin überschätzt, ist mittelalterliche Brauerzunft-Schwurbelei, die anderen großen Biertrinkernationen wie Belgien oder Irland völlig schnuppe ist.
Ein großer Dessert-Fan bin ich nicht und das Gläschen parfümierten Ume-Pflaumenweins, der chinesische Variante des »DankefürIhren-

BesuchGehtaufsHaus«-Ouzos, wurde aus unerklärlichen Gründen gestrichen.

Dafür erhält man mit der Rechnung pro Person eine fernöstliche Art des Überraschungs-Eis, den Glückskeks.

Keine Ahnung, was zuerst da war, das Schoko-Ei oder der China-Keks.

Auf jeden Fall gibt es auch hier eine aufwändige Verpackung, in der etwas Essbares steckt, in dem wiederum eine kleine Überraschung verborgen ist. Auf die nochmalige Versiegelung des Inhalts verzichtete man beim Keks, die Überraschung wurde mit Papierbleichmitteln, Mäuseköddeln, Feinstaub und Druckerschwärze direkt in den Teigmond eingebacken.

Nachdem man sich durch den Teig, der aus 100% recycelter Eiswaffel besteht, durchgenagt hat, erhält man zur Belohnung eine obskure Zettel-Botschaft.

Neulich las ich: »Sie werden eine Flugreise machen!« Aha. Und ich dachte, das wäre ein Glückskeks!

Scheinbar weiß man im Reich der Mitte nicht, dass ich unter Flugangst leide, bei jedem Start furchtbar religiös werde und vorsichtshalber nachgucke, ob sich unter meinem Sitz auch wirklich ein Schlauchboot und oben neben der Luftdüse eine Klappe für eine Sauerstoffmaske befindet!

Im Allgemeinen unterscheiden sich die Los-Zettel nicht so sehr von denen aus Silvester-Knallbonbons, nur dass hier nicht auch noch Konfetti und Plastikmüll mit rauskullern.

Mitunter sind die Sprüche in zwei Sprachen abgefasst, meist deutsch und englisch, neulich hatte ich sogar mal einen italienischen ohne Übersetzung!

Es sind Perlen fernöstlicher Weisheit, die sich wohl mal Konfuzius in der Badewanne ausgedacht hatte und die an Tiefsinn im Sinne von tief nicht zu unterbieten sind.

Sie stellen meist das schlaue Wirken des Weisen dem unsinnigen Treiben des Toren gegenüber.

»Der Weise achtet auf sein Geld, der Tor aber gibt es mit vollen Händen aus.« Letzteres ist in Zeiten der Nullzins-Politik vielleicht nicht das Verkehrteste.

Ich mag diese Sprüche, vielleicht baue ich mir eine kleine Selbstständigkeit als Glückskeks-Texter auf. Mir würden bestimmt pro Tag an die hundert Sprüche einfallen, wenn ich erst mal so richtig in Form bin:

»Der Weise öffnet das Fenster zum Lüften, der Tor aber springt hinaus.« Nicht schlecht, kann man ausbauen! Grinsend zerkrümele ich den Keks-Teig auf dem Rechnungs-Tellerchen, verabschiede mich mit angedeuteter Verbeugung aus dem Tempel des Glücks und gehe pfeifend ins Leben hinaus.

»Der Weise bekleidet mit der Unterhose seine Scham, der Tor aber stülpt sie sich über den Kopf!«

*Beim Gericht »Familienglück« frage ich mich, ob Ente, Huhn Rind und Garnele es als Glück empfinden, kollektiv und mit diversem Grünkram ein paar Runden in der Standardsoße zu schwimmen.

Oder ist damit die essende Familie gemeint, die es vor Glück nicht fassen kann, die Reste einpackt zu bekommen und weitere vier Tage chinesisch schlemmen zu dürfen?

SOCKEN - KLAR ZUR WENDE

*Und du sollst in den Kasten thun allerlei Tiere von al-
lem Fleisch, je ein Paar, Männlein und Weiblein, daß
sie lebendig bleiben bei dir.*

1. Buch Mose, Kapitel 6, Vers 19

Von Socken war an der Stelle nicht die Rede,
aber damals trug man ja auch vorwiegend
Sandalen. Und Socken in Sandalen, dazu noch
mit Toga oder Lendenschurz - ein ganz klares
antikes »no go«!

Es reicht! Jeden Morgen der gleiche Stress, seit
mindestens einer Woche! Nach dem Frühstück
kippe ich zwei Körbe Socken auf die Auslegware des Schlafzimmers und mache mich hektisch
auf die Suche nach Paaren. Der graublaue dort
vielleicht, bei dem müsste mir doch das Pendant
sofort auffallen.
Fehlanzeige, weitersuchen!

Eine Viertelstunde später, hektischer Blick auf die Uhr, eigentlich müsste ich schon auf dem Weg zur Arbeit sein. Ich greife mir zwei auf den ersten Blick gleiche Füßlinge und lasse den Rest bis zum Abend liegen.

Ich bräuchte sie eigentlich auch am Abend nicht wegzuräumen, denn am nächsten Morgen beginnt das gleiche Ritual.

Das alte, immerwährende Ritual, die Suche nach der verlorenen Socke.

Und dann kommt ein Samstag, dessen Vormittag ich schon im voraus aus meiner Zeitrechnung gestrichen habe. Er verspricht sonnig, aber nicht heiß zu werden. Das ist gut. Ich brauche für mein Vorhaben natürliches Licht und einen klaren Kopf.

Sollte ich eventuell Musik auflegen, irgend etwas Heroisches? Wagner vielleicht? Oder lieber Metallica? Nein, ich brauche volle Konzentration auf mein Tun. Die Arbeit der nächsten Stunden entscheidet über mein Wohlbefinden in den kommenden Wochen.

Frisch ans Werk nun! Ich reiße die Kleiderschranktür auf, ziehe die Körbe mit den Einzelsocken heraus und kippe mal wieder den Inhalt auf den Fußboden. Da habe ich mittlerweile schon richtig Übung drin. Heute aber suche ich nicht ein, sondern viele Paare.

Ich ziehe den wilden Haufen ein wenig auseinander und verschaffe mir einen groben Überblick. Tatsächlich, hier finden sich auf Anhieb erste Sockengemeinschaften, vor allem buntes Fuß-Gewirk macht es mir leicht. Flugs sind erste Paare erspäht, zusammengerollt und in der Sockenbox verstaut.

Doch dann beginnt die Herausforderung. Ich mag, wie wohl die meisten Männer, Socken in einer Farbe, die ich spontan als dunkles Anthrazith bezeichnen würde. Kein Mittelgrau, aber auch kein Pechschwarz. Und von denen liegen nun an die hundert Einzelgänger vor mir und sehnen sich nach ihrem Partner. Ich bin mir meiner Verantwortung voll bewußt.
Am besten, nicht aus der Ruhe bringen lassen, systematisch vorgehen!
Ich lege das halbe Schlafzimmer mit der Sockenkollektion aus und nehme mir den letzten. Präge mir Merkmale wie Bündchenmuster, Farbe der aufgedruckten Größen und Art des Gewirks ein und marschiere mit dem Einzelstück die Sockenfront ab wie ein General eine Ehrenkompanie. Ich mustere die angetretenen Füßlinge streng, einige sehen meiner Referenzsocke sehr ähnlich, aber eben nur ähnlich, nicht gleich! Doch da, in der dritten Reihe, steckt der Geschwistersock! Raustreten! Schon ist er mit seinem Zwilling zum Bollen gedreht und im Korb versenkt.
Komisch, obwohl ich meine Socken immer richtig herum in die Wäschetruhe einsortiere, finden sich jede Menge auf links gedrehter Füßlinge,

die auf den ersten Blick ganz andere Socken darstellen. Entweder hausen bei uns im Wäschepuff perverse Zwerge, deren größtes Vergnügen es ist, die gut durchgeschwitzten Socken umzukrempeln oder in unserer Waschmaschine gibt es ein Bermuda-Dreieck, das aber nur jede achte Socke verschlingt und dafür zehn Prozent der Maschinenladung auf links dreht.

Vorletzten Socken nehmen, von vorn beginnend durch die Reihen schreiten. Ich habe Zeit, habe mir für heute vormittag nichts anderes vorgenommen. Die Körbe füllen sich. Ich entdecke alte Bekannte, die ich schon seit Jahren nicht mehr trug. Im Gegensatz zu Hosen kann man ja Socken unbekümmert durch die Jahre und Jahrzehnte tragen, sie kneifen und drücken nicht. Okay, waschen sollte man sie schon ab und zu mal. Aber dann bitte paarweise, paarweise aufhängen und gleich von der Wäschespinne weg zu einem handlichen Bollen rollen. Ab damit in den Schrank!
Die Körbe füllen sich, meine Socken-Archen nehmen Paar für Paar auf.
Für sehr ähnliche aber hartnäckige Einzelgänger gibt es jetzt noch eine Zwangsverheiratung, übrig bleiben ein paar Individuen mit durchscheinenden Hacken sowie die obligatorischen bunten Einzelsocken, die wohl schon hier waren, bevor wir das Haus gekauft hatten.
Ab in den Keller damit, in die Kiste mit der Putzwolle!

Und nun kommt der Moment, für den sich die ganze Arbeit gelohnt hat, ich stelle zwei Körbe mit Sockenbollen in den Schrank, die weit in den übernächsten Monat reichen werden. Ein bisschen fühle ich mich wie ein Bauer, der seine Ernte in die Scheune einbringt.

Manchmal sehne ich mich nach den Achtzigern, als Tennissocken noch gesellschaftlich akzeptiert waren. Die hatten blaue, rote oder rotblaue Bündchen, die man schon auf zehn Meter Entfernung erkennen konnte. Und außerdem waren die nach zweimal Waschen ohnehin untragbar.

Neulich las ich, dass findige Leute sich des Sockenproblems angenommen hätten, es gäbe nun Sockenklammern, mit denen man die Socken vor der Wäsche paarweise verbindet.
Immer diese Möchtegern-Erfinder! Die vermiesen einem noch das letzte Abenteuer unserer Tage!

PENSIONSBETTEN
FOLTERGERÄTE DER NEUZEIT

»Wer sagt, Nächte sind zum Schlafen da?«
Marilyn Monroe

Das Auto fährt um die letzte Kurve, vor mir ein grandioser Abendhimmel über dem südlichen Meer!

Nun beginnen zwölf Tage Urlaub mit Faulenzen, Schnorcheln und Wanderungen. Doch dann sind da noch elf Nächte, die auch irgendwie überstanden werden müssen.

Ich fummle den Eingangsschlüssel aus dem Tresorkästchen neben der Tür, dessen Zahlencode mir Tage vorher per Mail zugesandt wurde.

Vorbei die Zeiten, in denen einen der Gastgeber noch in 3D begrüßte, einen kleinen Rundgang durch das Mietobjekt machte, Probleme wie Wäschetrocknen und Abfallentsorgung klärte und hinterher vielleicht noch einen heimischen Schnaps auf einen guten Urlaub ausgab. Heute gibt es nur noch eine Notfalltelefonnummer und die Person am anderen Ende ist oft der deutschen oder englischen Sprache nicht mächtig.

Nachdem ich das Gepäck abgestellt habe, lege ich mich aufs Bett und lausche auf irgendwelche Signale aus der Rückengegend. Scheint dort in Ordnung zu sein, natürlich kein Vergleich mit der heimischen Matratze, aber die war ja auch sorgfältig ausgewählt, das Rückgabe- und Umtauschrecht voll ausgereizt und trotz Preisnachlass immer noch kein Schnapper.

Eigentlich bin ich kein besonders anspruchsvoller Mensch, ich esse fast alles, was auf den Tisch kommt, dusche morgens kalt und mache freiwillig Frühsport. Aber was fremde Betten angeht, da werde ich zur Diva. Tatsächlich sind schon Beziehungen auseinander gegangen, weil ich zu den Betten der Partnerinnen in spe keine Beziehung aufbauen konnte. Ich musste mich als Mimose hänseln lassen und die Investition in ein neues, eventuell gemeinsames Bett wurde als verfrüht abgetan. Für mich war das allemal ein Grund, dort wieder meine Zahnbürste einzupacken.

Gespannt lasse ich den Abend herankommen. An das Zikadengezirpe kann ich mich bestimmt gewöhnen. Auch die vorbeifahrenden Autos auf der Straße sind nicht zu laut. Noch einmal durchstrecken und dann auf die rechte Seite drehen. Ich bin überzeugter Rechtsschläfer, am liebsten in der bewährten Hockgrabstellung der jüngeren Steinzeit. Tausende Menschengenerationen können sich nicht irren, so schläft man solide!

Vielleicht sollte ich den rechten Arm noch etwas anwinkeln? Oder das linke Bein durchstrecken? Vielleicht auch mit dem gesamten Körper ein bisschen nach links rutschen? Nein, da ist was, irgendwo genau auf der Höhe, wo die Rippen harmonisch in die Schwimmringe übergehen. Eine Mulde! Verdammt!

Gästebetten kann man im großen und Ganzen in fünf Kategorien einteilen, in Sülzebetten, Waffelbetten, Erbsenbetten, Konvex- und Konkavbetten.

Sülzebetten sind Wassserbetten, Boxspringbetten und Betten mit unklarem Blockschaumgummi. Sie täuschen eine solide Matratzenoberfläche vor, doch darunter wogt und wabbelt die Schlafunterlage bei jedem Umdrehen.
Eine geschlagene Viertelstunde braucht es, bis sich die Matratze wieder beruhigt hat und dann ist natürlich auch der Schlaf perdü. Da kann man sich ja gleich auf eine Lage Sauerfleisch in Aspik legen.

Waffelbetten sind ganz fiese Gesellen, die Matratze hat so ein komisches Muster, eine Riffelung, der man nicht entkommt, da sie die gesamte Oberfläche der Matratze überzieht. Ob Diagonalrippen, Federkreise oder Noppen, den Designern solchen Unfugs ist nicht klar, dass ein Bett vor allem dem Schlafen dienen sollte.

Erbsenbetten sind nach dem Märchen von der »Prinzesssin auf der Erbse« benannt. Zu 98 Prozent ist diese Matratze wunderbar, aber irgendwo gibt es da einen Gnubbel, eine Feder, eine Naht, nur leider nicht am Rande der Schlafunterlage, weit oben oder unten, sondern an einer Stelle, an dem man dem Ding garantiert nicht entkommt, besonders gern im Bereich der Schulterblätter. Umdrehen des Schlafwunders ist auch keine Lösung, denn auch an anderen Stellen tauchen wie von Zauberhand ebenfalls solche Gnubbel auf.

Konvexbetten haben eine nach oben gerichtete Wölbung, die ich auch mit meinen 80 Kilo nicht runterzudrücken vermag. So schlingere ich die ganze Nacht auf der Matratze herum, rolle beidseits in Richtung Bettkante und darüber hinweg. Umdrehen der Schlafunterlage ist auch hier keine Lösung, denn dann mutiert das Matratz auf einmal zur Konkavmatratze mit einer gediegenen Mulde in der Bettmitte.
Diesmal gibt sie auch meinem Körper willig nach, nimmt diesen mit sich abwärts und ver-

fehlt die äußerste Grenze der Verformbarkeit,
den Fußboden, nur knapp.

Dreimal werde ich mich noch umdrehen, wenn
ich dann noch nicht eingeschlafen bin, unterneh-
me ich etwas. Schlaftrunken wälze ich mich natürlich noch fünfzig Mal hin und her, hebe dann
resigniert die Matratze aus dem Bettrahmen und
deponiere sie auf dem Fußboden vor dem Bett.
Im Nu bin ich dort eingeschlafen.

Jeder jammert, wenn der Urlaub zu Ende ist, ich
aber freue mich auf das himmlischste Bett der
Welt. Es steht in meinem Schlafzimmer.

ENGLISCHES FRÜHSTÜCK

Wenn ihr gegessen und getrunken habt,
seid ihr wie neu geboren; seid stärker, mutiger,
geschickter zu eurem Geschäft.

Johann Wolfgang von Goethe

Ich betrat als erster den Frühstücksraum des Hotels, aber das tue ich eigentlich immer. Orangensaft füllte das Zeitfenster, das der Kaffee brauchte, um auf Trinktemperatur herunterzukühlen. Um nicht in Zeitverzug zu geraten, leerte ich das Glas zweimal am Bufett und ließ es gleich neben dem Saftspender stehen, vielleicht brauchte ich es dort später noch.

Schnell einen Teller gegriffen, den größten natürlich, einen Servierteller. Unwirsch wedelte ich die Bedienung beiseite, die diesen eigentlich in der Küche mit neuen Köstlichkeiten befüllen wollte.

Ein kurzer prüfender Kennerblick über die aufgebauten Speisen, dann war die Reihenfolge des Aufschichtens klar.

Ich legte einen üppigen Ring aus Rührei unweit des Tellerrandes aus, bewehrte ihn mit Speckstreifen. In das Innere des Gebildes füllte ich black pudding and white pudding. Ein Gläschen O-Saft war bei dieser Anstrengung ein willkommener Zwischenstopp.

Wie gut, dass ich in weiser Voraussicht zwischen Tellerrand und Rührei ein wenig Platz gelassen hatte, so konnte ich von außen meine berühmte Toastpalisade gegen das Rührei lehnen. Wenn es mir gelang, mit halber Breite Überlappung zu arbeiten, bekam ich mindestens 12 Toastscheiben auf den Teller.

Sie überragten zu zwei Dritteln das Rührei.

Jetzt wurde es kritisch, ich durfte nicht wieder den Fehler machen, der mir neulich im »Kempinski« passiert war. Ich hatte dort einfach gedankenlos den Toast-Ring mit weiterem Essen gefüllt. Auf halbem Wege zum Tisch waren die Brotscheiben aufgeweicht und ergossen einen Schwall gebackener Bohnen über meine Ärmel.

Fehler macht man bekanntlich, um daraus zu lernen. Die gebogenen Würstchen eigneten sich hervorragend zur Auskleidung der Toast-Innenwand. Die nächste Würstchen-Lage wurde mit Versatz darüber geschichtet, doch schon nach fünf Lagen war die Oberkante des Toastes erreicht.

Was für eine Sauerei, so kleine Toastscheiben zu fabrizieren. Den Ärger darüber spüle ich am besten mit zwei weiteren Gläsern O-Saft herunter.

Die Würstchen-Innenraumfassade konnte ich jetzt ohne Reue mit mashed potatoes auskleiden und endlich die gebackenen Bohnen einfüllen. Natürlich nicht bis zur Oberkante des Toastes, schließlich musste Platz für die gegrillten Champignons bleiben. Champignons waren unproblematisch, die ließen sich gut an den potatoes festdrücken und oben zu einem netten 45-Grad-Schüttkegel aufschichten, den man abschließend mit einer Lage Bacon verkleiden konnte. Schnell noch einen O-Saft im Stehen und dann den Tisch ansteuern.

Selbstverständlich hielt diesmal alles an seinem Platz, dem Ingenieur ist nichts zu schwör!

Nur dieser Kaffee - inzwischen lauwarme Plörre!

ICH BELEUCHTE
EINEN WEIHNACHTSBAUM

Früher war mehr Lametta!

Opa Hopppenstädt (Loriot)

Ich bin nicht so für Kunst, jedenfalls nicht, wenn es sich um Kunststoff handelt. Deshalb haben wir auch keinen künstlichen Weihnachtsbaum, sondern einen echten, in den letzten Jahren eine Nordmanntanne, wahrscheinlich werden die tonnenweise von Wikingern mit Hörnerhelmen über die Ostsee gerudert.

So ein Echtbaum duftet ein wenig, nadelt still vor sich hin und birgt Natur in Form von kleinen Spinnen. Außerdem sorgt er durch exzentrischen Wuchs für so launige Kommentare der Weihnachtsgäste wie: »Oh, da habt ihr ja noch den allerletzten gekriegt, Glückwunsch!« oder : »Ja ja, auch solche Bäume sollen nicht umsonst gefällt worden sein, ist doch schön, dass ihr ihm ein Heim bietet!«

Als Besitzer eines Kunstbaumes hört man so etwas nie. Der Vorteil einer Plastetanne ist aber, dass man die Beleuchtung gleich dranlassen oder wenigstens die Stellen an den Ästen markieren kann, an denen man im nächsten Jahr wieder die Weihnachtsbaumbeleuchtung antüdelt. Als Nutzer eines Echtbaumes muss man jedes Jahr aufs neue weitreichende Entscheidungen treffen.

Nach dem vierten Advent überkommt mich eine Unruhe. Auf der Terasse steht der noch »eingenetzte« Baum. Warum muss ich bei diesem Wort nur immer an »einnässen« denken?

Und für vier riesige Kartons mit Weihnachtsdeko bin ich ja selbst in die Abseite des Hauses gekrabbelt. In einem der Pappbehälter warten die beiden Ärgernisse auf das jährliche Auspacken.

Die beiden Ärgernisse sind Lichterketten, schon mindestens in zweiter Generation genutzt, bei uns kommt nichts um!

Als wir vor über zwanzig Jahren einen eigenen Hausstand gründeten, stand die beiderseitige Verwandschaft schnell mit nützlichen Gegenständen bereit, die sie selbst irgendwann mal geerbt oder geschenkt bekommen hatte und die seitdem in großen braunen Kisten auf deren Dachböden herumstanden.

»Da braucht ihr euch nichts eigenes kaufen, das gehörte Tante Frieda und die wäre bestimmt froh, wenn sie jetzt sehen könnte, dass ihr ihre Lichterkette in Ehren haltet!« Warum bin ich in solchen Momenten zu schwach, einfach zu sagen, dass sich die großzügigen Schenker ihre Lichterkette sonstwohin stecken könnte?

Es bringt nichts, Zeit zu schinden, Ausreden verfangen nicht mehr, spätestens am Vormittag des 24. muss ich die Dinger irgendwie an den gestern »eingeständerten« Baum (gibt es dieses Wort auch, so wie eingenetzt?) kriegen.
Also, eine Wolldecke auf das Parkett gelegt und darauf die beiden Lichterketten-Ärgernisse ausgebreitet. Und Musik aufgelegt. Bitte nichts Weihnachtliches, das würde mich in der nächsten Stunde noch konfuser machen. Tom Waits ist jetzt genau das richtige, »Frank's wild years«, da kann ich gleich mit ins Wolfsgeheul einstimmen! Beide Lichterketten sollen Kerzen imitieren, weiße Kerzen mit Glaskuppel und grünen Drähten zwischen den einzelnen Leuchten. Die eine hat zehn Lichter, die andere sechzehn. Die Zehnerkette hat längere Kerzen, die auch stärker leuchten. Und nach der zehnten Kerze gibt es noch einen Pinökel am Kabel, den man zu guter Letzt wieder in den Stecker steckt und damit den Stromkreis schließt.
Die 16er Kette hat solchen Luxus nicht, die Ausgangs- und Eingangs.Strippe sind fest in den dunkelgrünen Stecker eingeschweißt. Man muss, um der allergrößten Hedderei zu entge-

hen, wahnsinnig vorausschauend arbeiten, sonst reicht das Kabel nicht, zumal die Kabelstrecke zwischen den Kunstkerzen äußerst knapp bemessen ist.

»Früher war mehr Lametta«, sagte Loriots Opa Hoppenstedt. Ich würde gegenhalten: »Früher war weniger Baum!« Vor allem war mehr Abstand zwischen den Ästen. Dem aktuellen Wikingerbaum könnte man ohne weiteres die Hälfte der Seitentriebe absägen, er wäre immer noch dicht.

Vielleicht sollte ich den nächsten Weihnachtsbaum schon im November kaufen, dann hätte ich von den abgesägten Ästen genügend Material für Adventskränze, etliche Weihnachtssträuße, zum Abdecken von Rosen im Garten und zum Verschenken.

Aber zum Sägen habe ich jetzt keine Lust mehr, fange an, die Beleuchtung um den Baum zu wickeln.

Tom Waits ist inzwischen bei »Blow wind blow« angekommen und ich arbeite mich von Ast zu Ast vorwärts. Mit der 10er-Kette. Läuft wie geflutscht. Schnell sind starke Äste ausgespäht, in aufwärts strebenden Spiralen arbeite ich mich dem Gipfel entgegen. War doch gar kein Problem!

Könnte man eigentlich so lassen, einfach auf die zweite Kette verzichten. Allerdings ist es meiner Frau noch viel zu dunkel. Auch mein Vorschlag, die Reflektionskraft besonders vieler Weihnachtsbaumkugeln oder einer Fünf-Kilo-Packung Lametta zu nutzen, überzeugt sie nicht.

»I'll be gone« singt Tom Waits. Ich noch nicht. Ich stehe noch vor dem Baum und nehme die Challenge der zweiten Leuchtstrippe an. Die nächste halbe Stunde wird schrecklich. Ich fädle das Kabel mit den sperrigen Kerzen durch das andere Kabel durch, verheddere mich regelmäßig, reiße gerade angeflanschte Kerzen wieder ab, zerbreche Klemmfüßchen, tüdel sie wieder mit Bindedraht an, erreiche auch irgendwie nach dem zweiten Gipfelsturm glücklich die unteren Bezirke des Baums.
Nur ist das Kabel mit dem Stecker zu kurz. Aller wieder abbauen? Never! Der Baum wird ein wenig gedreht und der Dreifachverteiler mit Kabelbindern an die Rückseite des Stammes angestrapst, das sieht man nur, wenn man seitlich vom Baum steht und wer steht da schon?
So ein Baum hat seine Schokoladenseite diagonal ins Zimmer hinein und diese Ansicht muss stimmen, die anderen Seiten haben sich unterzuordnen!
Ein paar zu offensichtliche Kabel müssen nachher noch mit Kugeln wegdekoriert werden.
Noch ein letztes Ausrichten der windschiefsten Lichter und ich habe es für dieses Jahr wieder einmal geschafft.

Tom Waits auch, sein »Innocent when you dream« verklingt.

Ich betrachte mein Werk kritisch. Nein, eine Eins ist es nicht, auch keine Zwei. Aber eine gute Drei plus auf jeden Fall.

Und ich nehme mir vor, später unbedingt die beiden Weihnachtsbaumketten zu vererben, jede Tochter bekommt eine. Und muss sie jedes Jahr unter notarieler Aufsicht irgendwie an den Weihnachtsbaum tüdeln. Und sie später ebenfalls weitervererben. Genügend Ersatzglühlampen sind für die nächsten zweihundert Jahre da.

Leseprobe

Aus meinem skurrilen rabenschwasrzen Sci-Fi.
ISBN: 978-3-7557-0766-0

Pauls Schädel fühlte sich an, als ob darin fünf durchgeknallte Tribaner eine absurde Schüttelpolka tanzten. Wieder hatte er sich vom Tempo des Barmixers mitreißen lassen.

Eines der größten Erlebnisse, die einem dieses Universum bescheren konnte, war es, einem Kryng-Oktopoden beim Mixen von Drinks zuzusehen!

So ein Oktopode griff mit einem Tentakel ein Glas, gab es an seinen nächsten Arm weiter, der einen perfekten Zuckerrand drauf zauberte. Der Arm danach kippte aus eckigen Flaschen Likör hinein, der darauf folgende aus großen dickwandigen Flaschen Sekt, ein weiterer ließ ein paar Früchte hineinplumsen. Der sechste steckte einen Trinkhalm ins Glas und der siebente setzte ein Schirmchen obendrauf.

Wenn das erste Glas beim Likör angekommen war, griff der Oktopode das nächste und beim Schirmchen des ersten Drinks ein weiteres Glas. Sieben Arme waren mit drei Cocktails gleichzeitig beschäftigt, der achte strich das Geld ein.

Als einziger Gast solch einer Bar war man nach einer Viertelstunde daddeldu und um dreißig Spiraldollar ärmer.

Paul hob benommen den Kopf und blickte zur Uhr. Fünfundzwanzig Uhr sieben galaktischer Zeit! Er hatte es wieder einmal vermasselt, hatte zu spät aufgehört. Aus einem vagen ›Ich gehe hier mal rein und trinke ein Glas und dann vielleicht noch eins‹ war eine Zechtour vom Feinsten geworden.

Wie zum Hohn schwebte an der Panorama-
scheibe der Bar langsam eine Rakete vorbei, seine Rakete! Die letzte Linienrakete heute, ein Di-
rektflug zum Jupiter.

Sie war kaum besetzt. Ein paar Reisende la-
sen Zeitungen, ein Kind drückte seine Nase am
Bullauge platt und streckte Paul die Zunge raus,
während die Stewardess im Gang stand und mit
Handbewegungen auf Gurte und irgendwelche
Gegenstände zeigte, die sich wohl in den Fä-

chern über den Köpfen der Passagiere befanden, Rettungswesten vermutlich oder Schlauchboote.

Dann zündeten die Triebwerke, die Rakete beschleunigte und schoss davon. Eine Weile sah Paul noch den Feuerstrahl der Düsen, bevor Flug 1042 hinter einem Werbebanner für Tubennahrung verschwand, das quer zwischen zwei Monden aufgehängt war.

Die nächste Rakete flog erst am späten Morgen und das auch nur, falls nicht wieder irgendwelche Wurmlöcher repariert werden mussten. Dann konnte es auch gern mal Nachmittag werden.

Paul warf eine Handvoll Spiraldollar auf den Tresen. Der Oktopode, der dabei war, mit seinen acht Armen vier Gläser gleichzeitig zu polieren, wischte das Geld ungerührt in eine Schublade und wünschte mit zwitschernder Stimme einen guten Flug.

Es gab natürlich keinen guten Flug mehr, nicht einmal einen schlechten.

Gut wenigstens, dass jede Weltraumstation einen Warteraum hatte. Schlecht, dass dieser von einem Dutzend Spinazoden-Mädchen und ebenso vielen Rusolanen-Kerlen belegt war. Spinazoden hatten die schlimmsten Käsefüße der Galaxis und Rusolanen konnten einfach nicht die Klappe halten, nervten mit schrillem Dauergequassel um fünfzehn Kilohertz.

Da aber Rusolanen keine Nase hatten und Spinazoden keine Ohren, fanden sich die beiden Gangs bestimmt sehr attraktiv.

Hierbleiben war sinnlos. Die Spina-Mädels und die Rusos waren sich schon recht nahegekommen und hatten bereits die Sitzbänke für weitere Vorhaben umgestellt. Heute Nacht würden sicherlich noch Vertreter einer neuen Spezies gezeugt werden. Schrill quasselnde Käsefüßler vermutlich.

Sex zwischen zwei galaktischen Zivilisationen kam öfter vor als angenommen, auch Paul hatte sich ein, zwei Mal mit exotischen Schönheiten in dunklen Raketenladeraum-Ecken ver-

gnügt. Doch letztlich war so ein Abenteuer nie mit menschlichem Beischlaf vergleichbar. Paul mochte weder Eierpakete befruchten und zum Ausbrüten in einem warmen Lavasee platzieren, noch die Partnerin in Spermienfäden einspinnen.

Letztlich ging doch nichts über einen netten irdischen Kuschelsex mit anschließendem Tiefschlaf.

Paul hasste durchwachte Nächte, hatte in den letzten Wochen viel zu viele davon gehabt. Seitdem der grüne Strahl auf ihn zugerast war, bestanden seine Tage aus Trampen, dem Mitfliegen in Linienraketen und warten.

Warten, dass die Nacht zu Ende ging, warten auf stets verspätete Linienraketen mit fleckigen Sitzen und besprayten Wänden. Warten darauf, dass ein Platz im Warteraum frei wurde und hoffen, dass man nicht wieder einen warzigen Drüsling als Nachbarn hatte. Und schließlich hoffen, dass die Spiraldollar in seinen Taschen bis zur Erde reichten.

Im Universum tat niemand anderen Wesen einen Gefallen, es sei denn, es sprang für einen selbst was raus. Selbst Tramper wurden gnadenlos um das letzte Klimpergeld erleichtert.

Paul ging quer über das Flugdeck. Seine Schritte hallten auf dem Boden aus billigem Beton-Imitat, den ein unbekannter Designer für Raumstationen dieser Kategorie vorgesehen hatte.

Alle drei Meter unterbrach ein weißer Streifen die trostlose graue Fläche und verlieh ihr den Charme eines irdischen Parkhauses. An den Wänden prangten in unregelmäßigen Abständen leuchtend gelbgrüne Hieroglyphen, Tags von Delsyanern, den Sprayern des Universums.